AF326484

Le Rif

et

La Politique Marocaine

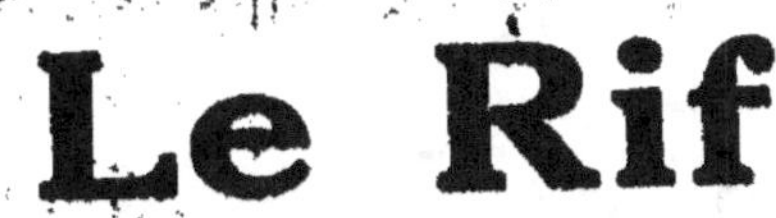

Communication faite aux *Études Algériennes*
(Séance du 23 Mars 1926)

COMMISSION D'ÉTUDES DE L'AFRIQUE DU NORD
de la *LIGUE FRANÇAISE*
237, Boulevard Saint-Germain, 237
PARIS (VIIe)

LE RIF

et

la Politique Marocaine

Communication de M. le Général LEVÉ

J'avais désiré, il y a quelque temps, appeler votre attention sur notre politique indigène marocaine. Il était possible d'analyser ses différents éléments, de montrer les lacunes des méthodes du protectorat, comme de définir une politique nouvelle dont l'exposé pouvait être encore utile aux officiers et administrateurs des affaires indigènes ou aux interprètes qui lisent notre Bulletin, et dont l'application économiserait peut-être la vie de quelques-uns de nos soldats. Malheureusement, cette courte synthèse n'a pas été accueillie, et il est un peu tard pour revenir sur ce sujet; des opérations ont été commencées, et aujourd'hui, des tractations funestes sont en cours. Ce serait comme de la moutarde après dîner. Soyez assurés seulement que le mariage d'Ab-el-Krim avec la fille de Raisouli, confirme plus vite que je n'aurais osé le prévoir, l'importance de la politique idrissite, sur laquelle j'appelais spécialement votre attention. Le Rif est un secteur primordial de la politique idrissite marocaine. Ceci vous dira assez que des négociations avec le Rif engagent et compromettent toute notre politique marocaine, et vous expliquera pourquoi l'étranger nous y pousse de toutes ses forces.

Je dois observer que la nouvelle direction des affaires indigènes semble déjà avoir fait faire des progrès très appréciables à la politique marocaine locale. La collaboration de l'Algérie a été enfin décidée et acquise; la collaboration avec l'Espagne est devenue organique; le concours des Idrissites paraît enfin sortir des limbes. Mais on ne peut pas retourner, du jour au lendemain, une politique indigène, quand des politiques étrangères se trouvent autorisées à traverser vos efforts. De toute manière, d'ailleurs, on ne rétablit pas une politique, quelle qu'elle soit, sans difficultés, et, sur ce dernier point, je n'insisterai pas davantage.

Mais je dois, aujourd'hui, entretenir notre réunion des phénomènes d'ordre général qui viennent de façon constante troubler le développement normal de notre influence dans l'Afrique du Nord, des facteurs permanents de désordres, d'origine européenne et de ricochet indigène, qui renouvellent, d'une façon incessante, les difficultés que nous rencontrons au Maroc, et dont la vraie figure se trahit, aujourd'hui, sous le masque des négociateurs. Notez aussitôt que l'action nocive de ces éléments subversifs ne s'exerce pas sur la seule terre du maghreb; l'univers se rétrécit chaque jour par le développement des communications, et les questions africaines ne sont que trop souvent le simple reflet des complications générales qui emportent le monde vers de nouveaux drames. Si nous examinons, de ce point de vue, les dangers qui nous menacent et enveniment les difficultés que la France rencontre au Rif, nous trouverons confirmation du péril et de la nocivité de cette septicémie politique, dans une déclaration excessivement grave du président du Conseil :

« Je veux dire ce qu'il y a derrière cela, s'est écrié M. Briand. Il y a des espérances de mines dans le Rif. On tourne autour de ces mines, je le comprends. Il y a des gens qui essayent de mettre les mines en valeur, d'autres de les mettre simplement en actions. Seulement, voilà : Abd-el-Krim n'est pas qualifié pour en donner la concession. Il n'en a pas le droit. Il a essayé de donner une concession, à un moment donné, mais elle a été ensanglantée. Il a fallu la fermer. Alors, les oiseaux de proie ont été obligés de reculer. Puis, ils se sont concertés, et ils ont dit : Si Abd-el-Krim pouvait être reconnu comme émir par deux grandes puissances, comme la France et l'Espagne, et s'il devenait un plénipotentiaire traitant avec elles, au nom du Rif, la concession qu'il signerait ensuite aurait sa valeur. Comprenez-vous ? »

Il n'est pas étonnant que M. Briand ait été conduit à cette rude franchise, qui atteint au moins un, sinon deux, des membres de son cabinet. S'il avait caché une situation qui devenait le secret de polichinelle, un des points du problème du Rif, et non des moins importants, celui qu'il montre avec beaucoup de droiture et beaucoup de netteté, aurait pris immédiatement une tournure de scandale, à laquelle il n'échappera peut-être pas en définitive. Mais cette franchise est insuffisante et sa sévérité trop étroitement limitée. Il ne s'agit pas seulement d'une sorte d'aigrefins assez adroits pour intéresser les uns ou les autres à leurs combinaisons d'aventuriers sans mandat, sans autre recommandation que leur fringale de gagner de l'argent, en spéculant tantôt sur la corruption de l'Européen, tantôt sur celle de l'indigène, de cyniques qui cherchent des associés pour leurs spéculations véreuses. La question est beaucoup plus large, beaucoup plus complexe, partant, beaucoup plus susceptible d'exercer une influence grave, même sur les destinées de notre pays, et c'est le problème que je voudrais examiner avec vous, si vous le permettez. Vous en déduirez vous-mêmes le meilleur moyen de résister à des influences qui savent pénétrer au sein des organisations les plus fermées et les plus patriotes, pour en troubler la paix et les résolutions.

Messieurs, le mouvement économique qui emporte le monde vers des régions où l'idéal de nos pères ne fleurit plus, donne toute leur puissance aux forces internationales qui pèsent sur nos destinées.

Ce mouvement n'est pas un, mais multiple; et les divergences congénitales qui affectent deux au moins des éléments classiques de son essor ont toujours persisté; mais il faut reconnaître qu'il a abandonné périodiquement ce caractère de multiplicité, et qu'il tend aujourd'hui vers l'unité, au triple point de vue commercial, industriel, et bancaire.

Après la découverte de l'Amérique, l'offre de collaboration que Manasseh ben Israël fit à Cromwell, au nom des Sephardim, parlant spanioul, fut favorisée par l'appui qu'Innocent XI donna follement à la coalition protestante conjurée contre la France; de ce jour, mais surtout après Utrecht, c'est-à-dire depuis deux cents ans, l'association des comptoirs juifs et de la flotte puritaine finit par donner à l'Angleterre la part du lion dans le commerce maritime, et, par suite, l'empire des mers.

Après l'éclosion de la royauté des Hohenzollern, née de cette coalition protestante, le groupe de Mendelsshon fit à la monarchie prussienne de Frédéric II, une offre de service symétrique, au Askenazim parlant yiddish; et le zollwerein de Liszt, réalisa cette entente sur la base commerciale. Plus encore que Napoléon, ce mouvement libéral unifia l'Allemagne. La Prusse conservatrice et victorieuse s'en empara, le conduisit jusqu'à l'Empire, et lui donna une impulsion qui ne s'arrête pas encore aujourd'hui. Mais lorsque le kaiser fut vaincu à son tour, le Reich libéral, qui a logiquement repris le pouvoir, a sauvé, grâce à la courte vue des Anglo-Saxons, les destinées de l'Empire, et poursuivi sa politique victorieuse, assurée bêtement par la destruction de l'Autriche. Aujourd'hui encore, il lui garde la part du lion, sauvegarde de l'Empire qui demeure : le commerce du continent.

Le mouvement commercial du monde a donc subi historiquement deux centralisations distinctes, et s'est trouvé, il y a moins de cent ans, polarisé d'une part dans l'Europe centrale, d'autre part sur l'Océan.

Lorsque la vapeur, l'électricité, la chimie, etc. eurent donné à leur tour, au mouvement industriel, une force inouïe, ce mouvement s'est révélé comme dépendant du charbon.

Une masse énorme de combustibles se trouvant en Grande-Bretagne, ce pays a pris une importance industrielle de premier plan. Une autre masse capitale se révéla dans le bassin du Rhin, et dès que l'unité allemande fut faite, son importance industrielle rivalisa avec celle de l'Angleterre et de sa dynastie hanovrienne.

La centralisation industrielle s'est donc révélée comme la commerciale polarisée, d'une part en Angleterre, et d'autre part, en Allemagne.

La centralisation bancaire a naturellement suivi le sort des centralisations commerciale et industrielle, et, comme elles, elle s'est polarisée, d'une part, chez les maritimes, d'autre part, chez les continentaux.

Les éléments juifs ou israélites qui avaient pris tant de part au développement des deux groupes commerciaux, mais beaucoup moins au développement des deux groupements industriels, vinrent au premier plan des groupements bancaires. Ils se sont opposés davantage dans ces centralisations financières suivant les intérêts divergents des institutions de crédit maritimes ou continentales comme des efforts opposés des Sephardim ou des Askenazim, et des bunden qui les régissent. On se rappelle, par exemple, au XIXᵉ siècle, la lutte des Péreire et des Rothschild.

Or, ces données essentielles se retrouvent avec la même acuité dans chacun des problèmes qui se posent en Afrique comme en Syrie, et les dominent. Nous avons vu l'intervention des puissances économiques pour la réalisation des buts sionistes confirmer les vues qui précèdent; elle a rendu manifeste la rivalité exaspérée des deux séfour hébreux, l'un tirant vers une politique d'assistance soutenue par la générosité des nobles, l'autre poussant vers une politique nationale développée par la revendication populaire du commun peuple. Nous avons vu également, ou, du moins, les indigènes africains nous ont fait comprendre que les mêmes partis avaient exercé leur influence sur l'Afrique, que le premier sof avait longtemps entraîné notre gouvernement vers une politique d'assimilation des indigènes destinée à mettre à la disposition de la cavalerie de Saint-Georges, en Afrique comme en France, les assemblées et les électeurs, et qui a été soutenue souvent par l'Algérie et les ministères de l'Intérieur. Ils nous ont montré non moins clairement que l'autre sof a tiré nos gouvernants vers une politique d'association des indigènes qui restreignait à l'action économique l'activité française, afin de réserver l'avenir aux espérances de l'Allemagne et qui a été soutenue par les protectorats et le Ministère des Affaires Étrangères.

Ces forces fondamentales dirigent donc, aux colonies comme en France, deux politiques extérieures affrontées, qui les servent alternativement. Elles sont, par surcroît, maîtresses et responsables des activités secondaires, méprisables, mais influentes que nous a montrées M. Briand. Elles se seraient sans doute maintenues en état d'opposition et n'auraient cessé de se disputer, par la force et la guerre, la domination du monde, aussi bien que quelques puits de pétrole ou quelques pâtés de cuivre, si les essais historiques d'entente de Frédéric II, de Victoria, de Guillaume II et Caprivi, par exemple, n'étaient pas venus les accorder périodiquement et temporairement. De là, une politique contraire et d'unification entre elles, dont la vitalité s'est développée depuis Versailles, jusqu'à Locarno; et la critique sévère du président du Conseil peut être interprétée comme une invitation à la concorde de nos adversaires.

Aujourd'hui, en effet, l'union de ces rivalités séculaires tend à s'établir sur un plan positif. Un effort historique est tenté pour mettre fin à l'opposition congénitale que nous avons analysée, et pour établir la paix universelle, sous les auspices de la Société des Nations. Cette tentative de réconciliation et d'organisation de la prépondérance politique judéo-israélite et maçonnique reprend, pour son compte, l'effort pacifique que l'Eglise chrétienne avait réussi, autrefois, à faire prévaloir, pendant cent ans, depuis l'avènement des Capétiens jusqu'aux Croisades. La politique hanovrienne de la Grande-Bretagne, qui a réduit à rien les flottes françaises, tend, comme au XVIIIe siècle, à accorder les peuples germaniques et les peuples anglo-saxons, comme à unir les deux branches des enfants de Jacob, sous la bannière de cette paix impériale, et la « Revue Juive », nous permet de suivre les étapes de ce rapprochement.

Quelles en sont les conséquences sur les rivages méditerranéens? La réconciliation des puissances rivales leur permet, évidemment, de s'entendre pour condamner et faire avorter, surtout au Maroc et en Tunisie, la politique française, autrefois définie par Bugeaud, en Algérie, reprise sous la fin de la IIe République par Charron, et sous la IIIe par de Gueydon, par Laferrière, Revoil, de Peyerimhoff, la politique que les Hébreux, d'ailleurs, poussent eux-mêmes vigoureusement en Palestine, tandis que, contraste savoureux, ils nous l'interdisent dans l'Afrique du Nord; la politique d'union avec l'indigène par la colonisation. Ils sont arrivés à leurs fins, grâce à des aveuglements coupables, et leur succès comporte désormais un programme nouveau. Nous n'entendons plus parler, par conséquent, d'opposer association à assimilation, quoique l'esprit d'association ait triomphé au Maroc; mais la France ne gagne rien à cette évolution. Son asservissement, en Europe, par le moyen de la Société des Nations, est le fruit normal de l'accord anglo-saxon, vers lequel elle s'abandonne désespérément; et son dépouillement progressif hors d'Europe est le premier enjeu de la partie qui s'engage. Elle devrait renoncer d'abord à tout ou partie des mandats qui lui ont été confiés et dont on cédait, hier, un nouveau lambeau. Elle devrait bientôt faire la guerre ou renoncer à ses colonies internationalisées : menace odieuse que les événements, plutôt que le patriotisme des dirigeants ont jusqu'ici paralysée.

Les convents des franc-maçonneries habituées à servir l'action des frères rivaux et à leur permettre de dominer la France par une propagande antireligieuse, qui rejoint celle des Soviets par-dessus les traditions anglaises, reflètent mieux encore ces tendances que les congrès sionistes auxquels les juifs de France demeurent, en général, si réfractaires. La poussée des politiques protestantes ou catholiques concourt au même résultat, quoique l'esprit de Constance n'ait même pas osé, à Stockholm, nommer la Société des Nations. De même le grand cordon de Saint-Grégoire-le-Grand, sait récompenser, pêle-mêle, les services rendus à la religion et à cette politique, quoique le chef de l'Eglise catholique soit exclu de la Société des Nations.

Ainsi, les fastes historiques qui enregistraient autrefois des luttes d'intérêts, que dominait la recherche de la meilleure morale, le souci de la religion plus haute, et de la civilisation la plus élevée, ne rappellent plus que des temps révolus. A leur lieu et place, la géologie, les aptitudes spéciales de certaines races associées à des traditions ethniques ambitieuses fournissent les jalons d'une histoire nouvelle, enregistrant aujourd'hui la formation de groupements économiques, dont la rivalité ou l'accord font naître les fléaux de guerre, et conditionnent les chances de paix.

Jusqu'ici sous la persistance des anciennes rubriques et des formules traditionnelles, les gouvernements et la presse nous ont dissimulé cette révolution majeure. Il est temps de déchirer le voile qui nous cache la menace de mort.

La France occupait la première place dans l'ancienne histoire. Elle était « l'arbitre du monde ». Quel sera son rang dans la nouvelle ? A quel degré de subordination est-elle conduite ?

Que deviendra notre pays pris dans cet étau qui se referme sur lui ? Doit-on souhaiter que la Société des Nations réussisse à courber la Nation française sous l'impérialisme économique des peuples élus, souhaiter que cette ambition ne soit pas compromise par l'intervention des centralisations économiques nouvelles d'Amérique ou de Russie, et des bunden, des Benaï Brith ou des Polak qui y jouent un rôle si important, ou bien vouloir que la France reprenne son libre arbitre, d'accord avec l'esprit d'indépendance des Etats-Unis, et de concert avec la libre action de l'Italie, sœur cadette, qui se croit appelée, par son ordre et son énergie, à devenir chef de famille, pays fécond, où se font entendre les appels répétés de Mussolini qui nous invitait à des conversations fraternelles, avant de prendre, de sa poigne patriote, le trident de la Méditerranée, tombé des mains défaillantes de la République ?

Cette question peut s'éclairer par l'étude rapide de notre expansion coloniale, particulièrement africaine ou même seulement marocaine.

*
*

Messieurs, nous avons vu d'abord le président du Conseil dénoncer l'intervention des forces économiques au Maroc. Nous avons vu ensuite que l'éclosion de ces forces n'était pas fortuite, mais bien qu'elle résultait logiquement d'événements historiques ou de relativités géographiques. Nous allons voir enfin par l'étude de l'activité qu'ils ont développée au Maroc, comment ces groupements économiques ont pu y faire triompher au profit de diverses puissances européennes, tantôt une politique mono-nationale, tantôt des politiques bi-nationales ou tri-nationales, tantôt des politiques internationales.

Ces trois observations nous dicteront notre devoir.

Je ne sais pas si vous vous rappelez que l'influence de la France et celle de l'Angleterre se sont succédées alternativement au Maroc d'une façon régulière, jusqu'en 1870, et notamment en 1844-1845; l'Angleterre y dominait encore après notre défaite de 1870, lors de la proclamation de l'empire des Indes qui répondait à celle de l'empire allemand, et, d'une manière générale, les hauts et les bas de notre politique maritime réglaient cette alternance.

Mais lorsque le congrès de Berlin eut internationalisé la question d'Orient et assuré à l'empire allemand, avec la présidence du congrès, l'hégémonie de l'Orient européen et la route de l'Asie, lorsqu'après 1879, « la République fut aux républicains », l'année 1880 vit à son tour l'internationalisation de la question marocaine. Bismarck, laissant la France, représentée par l'amiral Jaurès, en prendre la responsabilité, s'assura par là, non pas la faculté de s'immiscer immédiatement dans les affaires d'Occident, mais celle de les internationaliser provisoirement pour réserver l'avenir. Toutefois, il ne fut pas possible de se méprendre sur ses desseins, malgré l'échec d'une demande de protectorat adressée au vieil empereur en 1888, dès que l'avènement de Guillaume II et le traité de Tattenbach eurent donné à l'Allemagne, en 1890, la prédominance commerciale et l'influence politique appuyée sur les idrissites Touamiyin et leur chef Abd-el-Djebar, qui abandonnèrent de ce jour la politique anglaise. Ainsi était victorieuse la politique continentale dont nous avons parlé.

Un essai d'entente des forces économiques, dont nous avons relevé la périodicité, eut lieu ensuite au Maroc, du temps de Caprivi, mais il échoua.

L'Angleterre réagit. Elle substitua à cette entente un système d'influence mono-nationale anglaise avec l'appui de Ba Ahmed, lors de l'avènement du nouveau sultan, et la politique maritime reconquit son influence prépondérante.

La France vint ensuite, et Revoil, comme ministre de France

à Tanger, substitua à l'influence anglaise, l'influence française, lorsqu'il fit signer le protocole de 1901 qui cicatrisait la blessure du Touat, dont l'annexion avait créé l'unité de notre empire africain. Toutefois, ce protocole laissait encore la porte ouverte aux possibilités d'une entente marocaine bi-nationale (France et Espagne), dessinée déjà à grands traits par MM. Delcassé et Léon y Castillo.

Mais bientôt, grâce à l'avènement d'Edouard VII, il fut possible, pour la France et l'Angleterre, de voir plus loin et plus haut, et les accords de 1902 inaugurèrent, au contraire, dans le Maghreb, une politique mono-nationale française à laquelle Delcassé, se rallia bientôt sur les ruines de ce « convenio frustrado ». C'était une politique de protectorat négatif plus avisée et plus prudente, par laquelle, et pour permettre à la France de mieux le défendre, le Maghzen lui donnait ses finances, son armée, etc.

Je persiste à croire que c'était ce qu'il y avait de mieux à faire, au moins à cette époque, et que le développement de cette politique, qui nous eût évité des crises graves, nous eût, sans doute, assuré une situation supérieure à la situation actuelle, parce qu'il était indépendant des groupements économiques adverses, et s'appuyait seulement, sur une énergie nationale qui nous donne aujourd'hui dix milliards de commerce extérieur pour l'Afrique du Nord, et sur le concours des indigènes assuré par une politique nouvelle.

Les défaillances du gouvernement de M. Combes et de M. Jonnart mirent fin à cette politique, dont le roi Edouard VII eût admis le succès, mais que les éléments anglo-saxons, de concert avec les Allemands, firent avorter. Pour reprendre son grand plan d'entente anglo-franco-russe, M. Delcassé dut revenir à des accords méditerranéens qui désintéressaient l'Angleterre, et nous associaient l'Espagne, et qui firent naître les traités franco-anglais et franco-espagnols de 1904; la situation se trouvait rétablie sur la base primitive et dangereuse que M. Delcassé avait sagement abandonnée, et dont le péril se confirmait après le discours de Tanger.

En vain, l'empereur, mécontent de ce que M. de Bulow l'avait entraîné trop loin, fut sur le point de faire machine

arrière (il avait même envoyé là-bas quelqu'un dans ce but).
Le chancelier alleman... persista et l'Allemagne rétablit brutale-
ment l'internationalisation du Maroc, par les pourparlers Révoil-
Rosen, suivis de la convention internationale d'Algésiras.

Or, un an ne s'était pas écoulé qu'à cette politique internationale, cherchait à se substituer une politique concertée entre
l'Allemagne et la France, politique du groupe continental que
nous avons observée, et qui abandonnait le plan international
au bénéfice d'une solution économique bi-nationale. C'est que
la révolution anglo-turque du 24 juillet 1908 se préparait à
Constantinople. De 1907 à 1909, on a donc traité avec l'Allemagne en vue d'un condominium économique visant à la fois
le Maroc, le Congo, etc. Et l'entente des deux pays au Maroc fut
couronnée le 9 février 1909 par l'accord franco-allemand de
Clémenceau qui, manifestement, espérait le subordonner à la
politique d'union des forces économiques, jusqu'au moment où
l'on dût prévoir le succès de la contre-révolution germano-
turque du 27 avril 1909, qui devait rendre l'Orient au kaiser.

L'union ne pouvait plus se produire. Clémenceau partit, et
il ne resta de cet effort qu'une tentative de politique bi-nationale
franco-allemande, qui laissait de côté l'Angleterre, déjà évincée
de l'Orient. Celle-ci ne pouvait plus, dès lors, accepter d'entrer
en tiers dans cette convention marocaine. Sa rancune orien-
tale, son hostilité marocaine, celle de l'Espagne, nous arrê-
tèrent. Sous l'influence des groupements britanniques, nous ne
poursuivîmes pas l'exécution de nos accords avec l'Allemagne,
et nos tergiversations nous acculèrent aux accords de 1910, qui
n'étaient, vous n'avez qu'à les relire pour le constater, purement et simplement, que des accords d'évacuation.

L'Allemagne furieuse fit naître, le jour même où le ministère
Caillaux était constitué, l'incident d'Agadir. M. Caillaux, repre-
nant alors les anciennes négociations Kuhlmann, auxquelles je
viens de faire allusion, et qui avaient trait au Maroc comme au
Congo, parvint à nous rendre un Maroc purement français. Nous
retournions à la politique mono-nationale, par l'accord franco-
allemand du 4 novembre 1911.

Les politiques que contrôle le mouvement économique britannique ne l'admirent pas. Six mois ne s'étaient pas écoulés que se

produisit de nouveau une poussée anglo-espagnole, réclamant le retour au programme de 1904. Même, l'hostilité britannique ne parut apaisée que par le retour d'une politique bi-nationale en apparence, en réalité tri-nationale, créatrice, non seulement du protectorat français du 30 mars et du protectorat espagnol du 27 novembre 1912, mais encore d'une zone nouvelle autour de Tanger, invention aussi anti-française que l'abandon contemporain du cap de l'Eau par M. Poincaré.

Cette complaisance ne suffit pas. Dans l'acte international d'Algésiras, Tanger n'avait obtenu qu'un régime urbain particulier. En 1912, se constitue déjà une zone internationale. En 1913, M. Jonnart fut nommé au quai d'Orsay, peu avant le voyage en France de George V et la nomination de l'ancien gouverneur de l'Algérie à la présidence du Suez. L'Angleterre s'intéressa davantage à la question de Tanger et y reprit pied. Le sens de cette politique tri-nationale, qui se laissait deviner depuis le premier jour, apparut en pleine lumière. L'Angleterre faisait agréer le principe de son intervention à Tanger, en une place qui lui sera définitivement accordée après la guerre. Cette prétention novatrice, pourboire imprévu du désintéressement de 1904, entorse gratuite à l'entente bi-nationale franco-espagnole, risquait inutilement d'amener une réclamation internationale si l'Allemagne était maintenue à l'écart; en attendant, elle appelait les protestations de l'Italie qui paraissait en droit de s'écrier : « Pourquoi une exception nouvelle en faveur de l'Angleterre, déjà désintéressée en Égypte ? Pourquoi pas une exception aussi pour l'Italie ? » De leur côté, les États-Unis pouvaient dire également: « Ou le respect des traités primitifs, ou des novations pour tous ». Mais la guerre éclata. L'alliance ne ralentit pas la fringale anglaise; tandis que notre situation au Maroc était remise en question par la faute du front marocain, que les Idrissites mécontents ne se firent pas faute d'exploiter.

La prétention anglaise sur Tanger n'aboutit qu'en 1924; l'action communiste rejoignait alors le groupe continental. Après l'échec de la révolution communiste en Allemagne, elle changeait de caractère, abandonnait une activité géographique, par sections de quartiers, communes, arrondissements, etc. et visait le groupement industriel, plus préservé que le commercial ou bancaire, comme nous l'avons vu; elle adoptait une activité organique, et constituait des cellules d'entreprises, d'usines, d'administrations civiles et d'unités militaires; enfin, elle faisait exploser la bombe rifaine, imprudemment chargée naguère par nous-mêmes.

De ce jour, nous nous trouvâmes en face d'exigences nouvelles. Aujourd'hui, le groupement d'union économique veut obtenir l'internationalisation de Tanger. Il a, depuis le discours de Nimes, escompté, pour le Rif, un sort analogue et proche. Pour l'assurer, au moment où la France et l'Espagne allaient en finir sans difficulté avec Abd-el-Krim, il impose une conférence dite rapide, mais qui durera assez pour nous faire perdre l'époque favorable d'une offensive concertée et pour nous renvoyer, au moins à l'automne, peut-être à l'année prochaine, et d'ici là, la France sera plus ligotée encore. Il projette enfin d'étendre plus tard ce système au Maroc, en faisant entrer en jeu le sud du Maroc, dont on a refusé si fâcheusement la pacification archi-facile par les moyens du Sud-Oranais, puis ce sera le tour de l'Afrique du Nord toute entière.

Hélas ! devant cette attaque, nous devons constater que là aussi ce sont les Anglo-Saxons qui appellent l'Allemagne. Un projet de transformer la zone de Tanger en territoire à mandat dépendant de la Société des Nations, se fait jour. La question de Tanger, dominée par la question du Rif, nous mène à la transformation de la zone de Tanger en zone à mandat confiée à l'Espagne. L'attribution d'un territoire international à Abd-el-Krim répond au même programme. Celui-ci ramènera aussi invinciblement que Tanger amène l'internationalisation du Rif, l'internationalisation du Maroc, que l'Angleterre, parjure du désintéressement qu'elle a signé en 1904, poursuit sans honneur. Ainsi se révèlent aux yeux stupéfaits de l'homme, dans la rue, les fautes capitales cachées trop longtemps sous la réclame. Ainsi se manifeste un point névralgique de la lutte plus générale engagée entre les forces internationales économiques et les forces nationales, impériales ou raciales. Malheureusement, l'internationalisme du discours de M. Painlevé, à Nimes, est le signe que nous avons pris naguère position du côté de nos ennemis, où les tractations Malvy Pedrazza nous entraînaient. Nous savons que M. Briand a paru rectifier le tir. Mais, tout en se défendant d'obéir à la finance internationale, il a fait transmettre à un rogui, que deux sous de politique indigène intelligente et française eussent réduit à merci, de nouvelles et lamentables propositions de paix. Cette humilité systématique, sous les yeux moqueurs des indigènes, spectateurs curieux de cet aveulissement de la débâcle africaine, et le germe du plus grand péril qui puisse menacer l'existence de la France.

•*•

Des revendications émanées de groupes économiques, constitués géographiquement avec l'appui des enfants d'Israël, depuis l'avènement du capitalisme, et dominatrices du monde; une faiblesse constante venant traverser nos efforts nationaux et menacer la paix française; voici donc la double diathèse dont souffre le protectorat français.

Cette crise internationale s'est révélée lors de l'affaire de Tanger proprement dite, mais elle s'est portée aussitôt après sur l'affaire du Rif, comme elle se portera demain sur la question marocaine, après-demain, sur notre Afrique du Nord.

Allons-nous laisser à ces forces, et particulièrement à celles qui dirigent l'Allemagne, la faculté de créer, pour la troisième fois, en un point ou deux du Maroc, un rouage international de sa politique ? Voilà la question du jour. C'est le point sur lequel je voulais appeler votre attention. Vous vous expliquez pourquoi votre serviteur est si anxieux d'accorder aux petits qui luttent pied à pied, là-bas, l'appui d'une France vigilante, veillant à ce que cette politique internationale ne puisse pas, une fois de plus, stériliser leur héroïsme et les faire mourir, sinon pour le roi de Prusse qui, paraît-il n'existe plus, du moins pour le Reich.

Messieurs, donnez-nous une politique marocaine indépendante, et pour la réaliser, appuyez-la sur la politique idrissite qui correspond à l'âme même du Maroc. Transformez, sans attendre, nos adversaires en collaborateurs, et ne les ménagez pas, comme le voulait Gribouille. Négociez, non pas avec Abd-el-Krim, mais avec les Idrissites, pour les enlever à Abd-el-Krim et aux Alle-

mands, avec les Koreichites, puis avec les Lefs, pour les rappro-
cher de nous. Ce sera couper les cheveux de Samson; ce sera
l'effort politique avisé et fécond, difficulté possible pour aujour-
d'hui, mais paix sûre pour demain. Négocier au contraire avec
Abd-el-Krim, sans les Idrissites, abandonnés à l'Allemagne pour
assurer les spéculations des groupes économiques, et au risque de
donner au rogui de nouvelles forces morales et un nouveau crédit,
c'est l'effort politique stupide, c'est l'ombre de la paix pour
aujourd'hui, et la guerre certaine pour demain. Déclarer qu'on
négocie avec les tribus et ne recevoir, comme négociateurs, que
les envoyés d'Abd-el-Krim, c'est d'abord mystifier le pays, c'est
ensuite reconnaître, au Maroc, une puissance nouvelle, au mépris
des traités. A qui donc nous faudrait-il obéir ? Quel inconnu
est donc au-dessus des traités ? Les événements auxquels nous
assistons, la substitution au front unique de combat franco-
espagnol, d'un front unique de tractations diverses constitué
à grand'peine et à grand péril, et dont on délègue au Maghzen
la peu reluisante responsabilité; toutes ces incohérences nous
donnent une preuve évidente de la toute puissance des forces
occultes, dites internationales, que sert aveuglément la République.

Messieurs, si nous ne voulons pas nous rendre complices
de la mort de la France, il faut galvaniser le sens national,
au contraire. La Première République utilisant les énormes
réserves de la Royauté qui avait fait de la France l'arbitre
du monde a été victorieuse, grâce aux patriotes. La Troisième
vient de s'assurer la victoire toujours grâce aux patriotes. Huit
ans après, va-t-elle agenouille la France au rang d'une nation
assistée et subalterne, grâce aux internationaux ? A ce sadisme
de toujours faiblir, toujours lâcher, toujours abandonner de la
France, veulerie qui nous mène inexorablement à de nouvelles
hécatombes, un seul remède : la politique nationale, et, comme
disent Mussolini et Cantalupo : « la volupté de coloniser », c'est-
à-dire le contraire même des errements, suivis jusqu'ici au Maroc.

A l'ambition de renaître, un seul but : Résister aux groupements économiques constitués dont nous avons analysé la genèse
et qui mettent la main au plat, la patte sur notre héritage
sacré. Puissé-je vous avoir convaincus du péril mortel dont
nous menace la politique qui ameute ces appétits, vous avoir
montré la virulence du cancer qui ronge la France.

Je m'excuse d'avoir retenu si longtemps votre attention. (Applaudissements).

M. LE PRÉSIDENT. — Nous remercions Monsieur le général Levé de sa communication très intéressante.

M. LE GÉNÉRAL AUBIER. — Je ne serais pas fâché que Monsieur le général Levé veuille bien nous dire, un peu plus précisément, ce qu'il entend par la politique idrissite, au point de vue du Rif.

M. LE GÉNÉRAL LEVÉ. — Il n'est plus guère temps; il n'y a pas, d'ailleurs, que la politique idrissite; il y a la choreïchite, celle des Paléo et Néo-Chorfa; il y a les politiques des confréries, etc.; mais voici : Je vais vous demander seulement, pour me faire mieux comprendre, la permission de prendre un exemple très approximatif, mais néanmoins admissible : En France, vous avez connu une politique légitimiste et une politique orléaniste. Qu'y avait-il derrière ces deux mots-là ? La politique légitimiste était une politique de filiation, de descendance. La politique d'Orléans était une politique de famille. La lutte de ces deux principes a rempli le XIXe siècle.

En Orient, ces deux principes s'affrontent également. Généralement la famille y a plus d'importance que la filiation. C'est toujours l'aîné de la famille qui prend le commandement, parce qu'on suppose qu'il a plus de sagesse, qu'il a plus d'expérience. Mais, en Occident, et par conséquent au Maroc, c'est surtout la descendance qui importe.

La politique musulmane n'échappe donc pas à cette classification élémentaire, et tous ses rouages, sans exception, se rattachent à l'une ou l'autre de ces tendances : « Est-ce que vous marchez avec la descendance ? Est-ce que vous marchez avec la famille ? » Voilà toujours la question primordiale. Tout le reste, toutes les subdivisions de l'Islam, toutes les confréries restent sous la dépendance de cette division essentielle. Tout se tient.

Cette question de filiation ou de famille remplit le cerveau des indigènes à un point que vous ne pouvez pas soupçonner : Un jour, un Soussi, (Quondam Persae, disait Pline), est venu me voir. Il m'a dit : « Je suis fils des nobles de Susiane, venus d'Egypte ! » (Hyksos, princes du Sous). Un autre jour, un Attaoui s'est présenté à moi et m'a dit : « Je suis le descendant de Goliath. Et les Beraber sont ses fils ! » Des Barmécides sont au Touat, et dans l'Aurès. Quelle force dans ces traditions millénaires ! Vous savez encore que la politique koréichite des Ouled Sidi Cheikh, descendant du calife Abou Beker, se rattache à la politique de famille; il en est de même pour les descendants d'Omar, pour ceux d'Othman, tous fils de califes. Inversement aux descendants directs du prophète : chorfa, idrissites, filaliens, chorfa modernes, etc., se rattache la politique de la descendance. Et il en est ainsi à l'infini, et les diverses confréries se rattachent à ces nuances. Vous ne pouvez pas comprendre l'Afrique du Nord si vous ne vous rendez pas compte qu'elle est peuplée de ces souvenirs, et qu'elle représente, surtout en politique, une terre de refuge. Chacun des réfugiés y pense, il est vrai, que sa tradition est la plus noble et la plus belle, la préférée de Dieu; mais vous pouvez travailler en toute sécurité avec tous, si vous prenez en considération cet avis de votre interlocuteur.

L'un de ces émigrés arriva un jour au Maroc. C'était Moulai Idris, petit-fils de Mahomet. Il s'y maria avec une Berbère et y fonda une dynastie, qui s'est ainsi trouvée plus nationale que toutes les autres, qui s'est partagé le Maroc, et qui y a laissé souche d'un nombre infini de marabouts, demeurés les cadres nés des Berbères. Cette dynastie s'est trouvée plus tard coincée entre les Omméiades d'Espagne, c'est-à-dire la famille koréichite, et les kharedjites, remplacés par d'autres légitimistes, les obéidites, futurs fatimités; et les Idrissites perdirent le pouvoir. Mais le Rif, qui les avait vu essaimer à Hadjerat Nokour, ne vécut désormais que par le souvenir de leur tradition, que les affaires minières ne peuvent pas lui faire oublier.

Après eux, sont venus les Almoravides, missionnaires de la vengeance de la famille abasside, puis les Almohades, qui ramenèrent une tradition berbère et unitaire, appuyée sur les souvenirs idrissites. L'ambitieux Abou Hafs, descendant d'Omar et de la politique koréichite, par conséquent, et qui devint fondateur du khalifat hafside de Tunisie, dont saint Louis avait voulu aller convertir le représentant, avait servi cette cause dont l'élan se brisa sur les croisades d'Occident. Mais il laissait une dynastie dont les destinées furent contemporaines de celles de la dynastie idrissite des Zeyanites de Tlemcen, et de la dynastie mérinide purement berbère, mais rattachée à la politique idrissite.

C'est alors qu'eurent lieu, l'invasion des Portugais, l'invasion de Charles-Quint, bref, les secondes croisades d'Afrique. A la descendance idrissite défaillante se substitua une descendance qui sortit du désert pour fonder la dynastie saadienne, et à laquelle revint l'honneur d'être vainqueurs au Maroc des nouveaux croisés, comme aux Turcs revint l'honneur d'une lutte victorieuse à Alger et à Tunis, sinon à Oran. A cette variété de la descendance du prophète se substitua, cent ans plus tard, une autre variété : les chorfa du Tafilet, qui règnent encore de nos jours. Mais l'influence des Idrissites resta toujours très grande sous toutes les dynasties qui se succédèrent. Tout sultan ne peut garder le pouvoir qu'avec leur assentiment. Tels les maires du Palais, sous nos premières dynasties, tels l'empereur Sigismond, et déjà le Hohenzollern, lorsque le pape Martin V sortit du concile de Constance pour ramener l'Eglise à Rome.

Ce sont eux qui nous ont disputé l'Algérie, avec Abd-el-Kader, et qui furent l'âme de tous les soulèvements algériens.

Ce sont eux qui abandonnèrent la politique anglaise, et qui furent groupés habilement autour des Allemands, après l'internationalisation de 1880, et quand le jeune Abd-el-Aziz, soutenu par Ba Ahmed, a voulu servir la politique anglaise contre la prépondérance allemande, il a dû lutter contre les Ouezzanyn idrissites, lutte dont nous avons eu l'écho avec nos chorfa d'Ouezzan.

Plus tard, quand Révoil a pris en mains l'affaire marocaine avec votre serviteur, pour donner à la France, ce pays splendide, et lorsqu'il fallut gagner le sultan du Maroc, le brave Abd-el-Aziz, que nous avons si salement renié plus tard, nous avons dû lui promettre que nous aurions à nos côtés les Idrissites, et il avait fait répondre : « Dans ces conditions-là, c'est le succès assuré. »

Seulement, quand M. Jonnart eut renversé la politique française, lorsqu'il partit à Figuig, au risque d'y créer l'incident, rêvé par celui qui avait traité avec le Rogui; lorsque le malheureux Abd-el-Aziz voulut se rejeter dans les bras de l'Angleterre, sans songer que l'Angleterre du roi Edouard VII, qui préparait le traité de 1904, n'était pas l'Angleterre de la reine Victoria; lorsqu'enfin tout parut perdu pour la politique franco-marocaine, les Idrissites, auxquels nous avions tourné le dos, le ramenèrent à l'Allemagne, dont l'empereur vint à Tanger.

L'Allemagne put alors réinternationaliser le Maroc à Algésiras et retrouver à ses côtés les Idrissites, dont les traditions ont, au Maghreb une importance plus grande encore que celle des traditions capétiennes en France. Depuis le traité de 1911 les Idrissites, inquiets pour le Rif, étaient prêts de se rallier à nous. Ils me l'ont demandé à moi, à plusieurs reprises, et la situation, aujourd'hui, est toujours la même à ce point de vue. Mais le protectorat a négligé le concours de l'Algérie, celui de l'Espagne et celui des Idrissites, etc., etc. Il n'y a pas d'autres causes à nos difficultés actuelles.

Aussi, ce furent les Idrissites que groupa contre nous Abd-el-Malek. Et, c'est encore eux qui soutiennent Khaled, le petit-fils d'Abd-el-Kader, dont la politique ambitieuse tend, aujourd'hui encore, à obtenir l'éviction de la France par l'assimilation des indigènes.

Messieurs, j'ai fini. Si vous voulez rétablir les affaires de la France en Afrique, et dans le Rif, particulièrement; si vous voulez épargner le sang de nos soldats, et, au prix d'un dernier effort, assurer la paix définitive, il faut que les pourparlers soient rompus, puis faire, au Maroc, plus de politique idrissite, plus de politique koréichite, d'accord avec la politique chérifienne, tout en n'accordant à ces synthèses que le crédit mérité par les formations politiques de peuples chez lesquels le frère est souvent le meilleur allié contre son frère; il faut conci-lier enfin avec elles les autres politiques adjacentes ou même divergentes des différents Amghars, des différents leffs, des diverses traditions politiques ou religieuses berbères; en un mot faire une politique qui réponde à l'essence même de la vie indigène; mais il ne faut plus offrir la paix à un rogui dont les protecteurs anonymes, les agents et lui-même exploitent ce qu'ils appellent notre pusillanimité.

Cette politique doit être reprise concurremment avec les opérations militaires. Elle ne peut se discuter avec le Rif, il faut la lui imposer immédiatement, avec fermeté, en même temps qu'elle sera redevenue celle du sultan.

C'est la seule politique de paix.

<hr>

IMPRIMERIE COQUEMARD, Angoulême.